L k 7 1718

L'ESTAT,
AVTREFOIS VARIE',
à present stable & arresté,

De l'Eglise Paroissiale du Bourg de Chagny.

Laquelle des Curez seculiers est venuë à vn Curé regulier, qui estant faict Prieur à mis vn Curé-Vicaire perpetuel, au commencement regulier, en apres tousiours seculier, auec Præscription canonique.

Donné au public par ANTOINE THIBAVLD, Curé-Vicaire perpetuel de Chagny, Bachelier en Theologie de la Faculté de Paris.

Præscriptio omnem actionem excludit. Alexād. 3. c. ad aures. de Præscript.

A CHALON,
Chez PHILIPPE TAN, Imprimeur du Roy, & de la Ville. 1657.

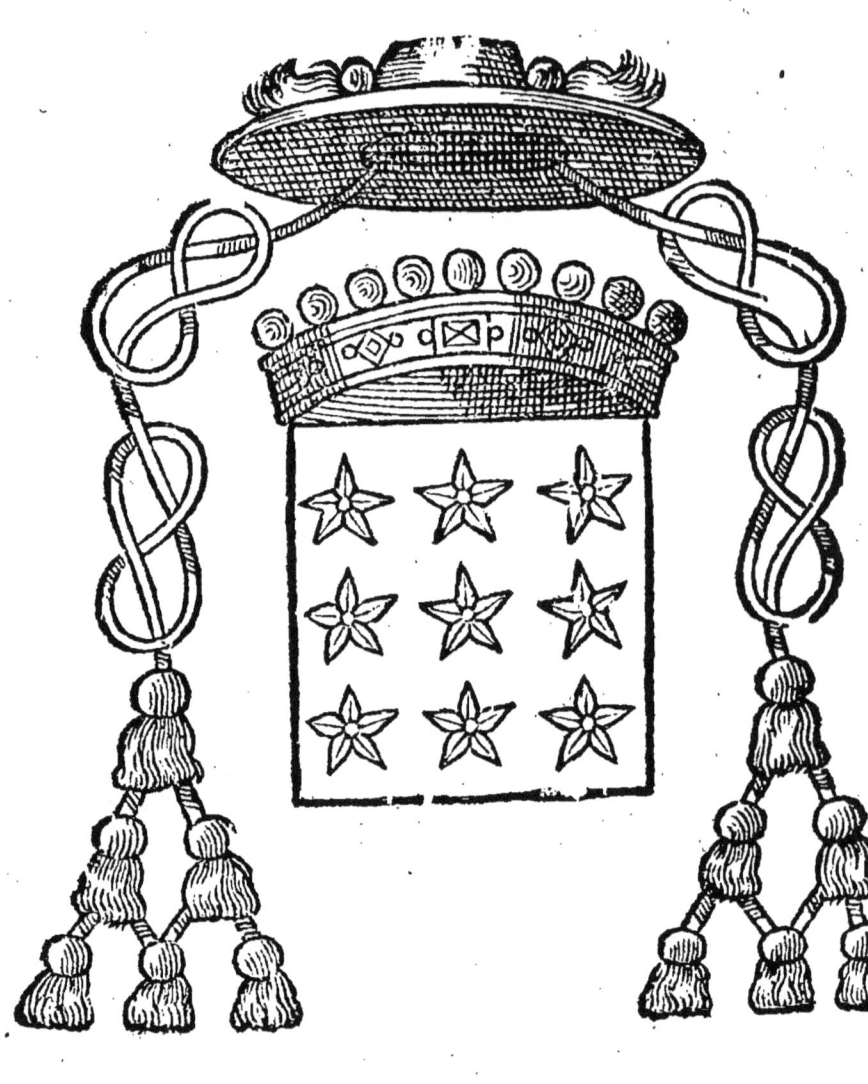

A MONSEIGNEVR,
MONSEIGNEVR L'ILLVStrissime & Reuerendissime, Messire IACQVES DE NVCHEZES, Euesque & Comte de Chalon, Conseiller du Roy en ses Conseils d'Estat & Priué, &c.

MONSEIGNEVR,

Puisque l'Estat de vostre Paroisse de Chagny vous est aussi bien cogneu, que la Paroisse mesme : à fin que cette cognoissance se respande à tous, comme vne lumiere, laquelle dissipe les nuages des propos de ceux, qui n'aimeroient pas cét estat ; voicy la suite, & l'exposition en son iour, du quatriéme paragraphe, qui concluoit l'Imprimé, intitulé La Paroisse de Chagny, &c. que ie vous dediay, & presentay à vostre Grandeur l'an 1652. qui pareillement vous est voüée, & defire paroistre soubs la splendeur & authorité de vostre mesme Nom. Ce second Recueil, MONSEIGNEVR, seruira à ceux qui viendront, non seulement pour verifier la Vicairie perpetuelle de Chagny, à qui en douteroit ; mais pour mieux l'affermir entre les mains des Prestres Seculiers, contre qui s'en formaliseroit. Car si autrefois cette Cure passa des Curez seculiers à des reguliers, il est vray qu'elle est retournée dés long-teps aux Pasteurs seculiers, & leur appartient à tousiours, par la force de la legitime prescription, opposée au Contract d'vn de vos predecesseurs Euesques, auec vn Abbé de S. Ruf, laquelle faisant vne nouuelle loy, vous a entierement acquis le droict d'instituer en ladite Eglise des Recteurs des ames seculiers; au sçeu & conspect des Abbez dudit S. Ruf, & des Prieurs & Conuent de Chagny, ceux-là ayant agréé, ceux-cy presenté, & les Religieux continuellement recogneu lesdits Vicaires perpetuels pris du Clergé seculier ; & auec iustice, n'estant pas bien le faict des Religieux de gouuerner les Paroises. Vous estes, MONSEIGNEVR, vn Prelat accomply, journellement employé aux affaires importantes de l'Eglise, & de l'Estat, President aux Assemblées les plus celebres, qui sçauez toutes les regles de la police sacrée & ciuile ; comme il a pleu à vostre Grandeur d'approuuer & accepter mon precedent liuret, traictant vn sujet Hierarchique, ie la supplie de receuoir auec vn pareil agreément cettuy-cy, qui ne tend semblablement qu'à la gloire de la Hierarchie, à la conseruation de vostre Iurisdiction, à l'honneur de l'Eglise de Chagny, au bien de ses Paroissiens, & à me faire dans l'employ de mon petit talent recognoistre,

MONSEIGNEVR,

De vostre maison Curiale à Chagny ce 19. May 1657.

Vostre tres-humble, & tres-obeissant Seruiteur,
ANTOINE THIBAVLD.

SONNET
SVR L'AVTHEVR.

Ornement des Curez & de la Hierarchie,
Vous portés dans la nuict des rayons de clairté,
Vous chassez des vieux temps la noire obscurité
Et ce qui sembloit mort reçoit de vous la vie.

Chagny ce fameux Bourg vous cherit à l'enuie,
Son Eglise reluit par vostre charité,
Ce docte escrit d'vn puis tire la verité
Plus belle que le temps ne nous l'auoit rauie.

Cét ouurage immortel qui la sort du tombeau,
Aux siecles à venir seruira de flambeau,
Sans que jamais les ans prescriuent vôtre gloire.

Vous arrestez icy l'inconstance du sort,
Vostre Eglise en son cœur graue vostre memoire,
Affin que vous viuiez mesme apres vostre mort.

PHILIP. DE MAIZIERE,
Beneficié en l'Eglise de Chagny.

L'ESTAT AVTREFOIS VARIÉ, à present stable & arresté, de l'Eglise Paroissiale du Bourg de Chagny : laquelle des Curez seculiers est venuë à vn Curé regulier, qui estant faict Prieur à mis vn Curé-Vicaire perpetuel, au commencement regulier, en apres tousiours seculier, auec Prescription canonique.

Comment la Cure de Chagny passa des Curez Seculiers à vn Curé Religieux de l'Ordre de S. Ruf.

CHAPITRE I.

L'EGLISE Paroissiale S. Martin de Chagny, auec ses Chapelles succursales de St. Marcel de Bouzeron, & St. Antoine de Remigny, Diocese de Chalon sur Saone, auoit esté regie dés sa construction presque aussi ancienne que le Christianisme dans le Chalonnois, par vn Curé Seculier, aidé de quelques Prestres aussi seculiers, continuëmét iusques à l'entrée du 13. siecle, & aux années du Curé nommé Iacques, pendant les iours duquel, à sçauoir l'an 1220. Monseigneur l'Euesque de Chalon, appellé Durand, donna en proprieté cette Cure & ses Chapelles, du consentement de son Chapitre, à Falcon Abbé de St. Ruf de Valence, & à son Abbaye, auec le pouuoir & obligation de presenter audit Euesque & à ses Successeurs vn de ses

Religieux idoine, pour posseder & administrer ladite Cure, lequel luy & les Euesques à venir institueroient & feroient Curé, qui leur seroit sûjet & obligé aux mesmes choses, que les autres Prestres du Diocese, & perpetuel, non obedientiaire ou reuocable en l'Abbaye, si ce n'estoit que pour suffisante cause il d'eust estre osté par l'Euesque & l'Abbé.

Voicy vn Extraict de ladite donation auec ses clauses & cõditions, tiré du corps des deux lettres de l'acceptation, & des remerciemens de ce don, escrites par l'Abbé & Abbaye de St. Ruf à l'Euesque & au Chapitre de Chalon, à chacun la sienne en semblables termes, lesquelles se commencent, *Reuerendo Patri, ac Domino, D. Dei gratia Cabilonensi Episcopo, & eiusdem Ecclesiæ toti capitulo,* &c. & sont enregistrées dans le Cartulaire de l'Euesché au feüillet 4. nombres 18. & 19. & en celuy aussi du Chapitre. *Ergo Durandus miseratione diuina Cabilonensis Episcopus omnibus præsentes literas inspecturis rei gestæ notitiam cum salute. Ex iniuncto nobis officio tenemur benigniùs procurare qualiter Ecclesias religionis titulo multipliciter præfulgentes possimus beneficijs & honoribus insignire. Nos itaque hac ratione ducti ex assensu dilecti filij S. Decani, & totius Capituli nostri, Ecclesiam de Chaniaco, cum Capellis de Bozeron, & de Rumigny, & omnibus pertinentijs suis, & omnibus alijs quæ nunc habet, vel in futurum largitione fidelium, emptione, permutatione, vel quolibet alio iusto titulo in posterùm præstante Domino poterit adipisci, tibi Falconi Abbati sancti Rufi de Valentia, & per te successoribus tuis, & Ecclesiæ tuæ concedimus perpetuis temporibus tranquillè & pacificè possidendam. Retento plenariè iure nostro,*

(L'vne

(L'vne de ces deux lettres adjouste, *& iure Iacobi Clerici, ad quem in vita sua Ecclesia pertinet supradicta.*) *Sciendum est etiam quòd Abbas sancti Rufi & conuentus vnum de fratribus suis idoneum ad Curam Ecclesiæ præsentabunt; & tam nos de cœtero quàm successores nostri præsentatum incurabimus; incuratus verò nobis & nostris successoribus ad omnia ea tenebitur, ad quæ tenentur nostri alij sacerdotes; præsentatus verò & incuratus in vita sua præfatæ Ecclesiæ præesse tenebitur, nisi ex sufficienti causa per Episcopum Cabilonensem & Abbatem sancti Rufi debuerit immutari.* La date est apres quelque suite, *apud Cabilonem anno ab incarnatione Domini millesimo ducentesimo vigesimo.*

La Bulle d'Innocent 8. confirmatiue des priuileges de l'Abbaye de sainct Ruf, & declaratiue des Eglises qui en despendent, obtenuë l'an 1488. par Iulien de Ruuere, Cardinal d'Ostie, Abbé de sainct Ruf, & depuis Pape, dit Iules 2. appelle ainsi l'Eglise de Chagny, & ses Chapelles, par les noms de leurs Patrons: *Ecclesiam sancti Martini de Chaniaco, cum Capellis suis, videlicet sancti Antony de Reminiano, & sancti Marcelli de Bozerone.* pag. 20. de l'impression de Paris, 1621. Anciennement on ne les exprimoit pas.

Cette Cure de Chagny, qui estoit de la libre collation de l'Euesque, ne fut pas donnée par Durandus *pleno iure* à l'Abbaye de sainct Ruf, pour y mettre & demettre à volonté vn Pasteur, l'Abbé obtint la seule presentation du Curé, qui pourroit estre pris de ses Religieux; mais c'est à l'Euesque de l'instituer & pouruoir de la Cure, *ad Curam Ecclesiæ præsentabunt, præsentatum incurabimus.* Il vse du mot, *incurare*, faire Curé, comme les Canons disent

B

Episcopare, intitulare, incardinare, faire Euesque, donner vn tiltre, placer en quelque Eglise, *c. cùm ex illo. de transl. Episc. c. sanctorum. dist.* 70. *c. Pastoralis.* 7.q.1. Ainsi les benefices ayās le soin des ames sont nommés *beneficia incurata. Glos. in extrau. execrabilis. Ioan.* 22. *lit.* 1. §. *quantùm autem. de præb. & dign.*

Auparauant ladite donation, c'estoit vne pure Cure seculiere, de laquelle le Curé seculier estoit titulaire & perpetuel; aussi la mesme donation la laissa & conserua au susdit Curé Iacques le reste de sa vie, conformément à la disposition d'Alexandre 3. *c. consultationibus. de donat.* l'Euesque se retenant en l'Eglise de Chagny son plein droict Episcopal, *retento plenariè iure nostro*, qui est la loy de iurisdiction, & la loy diocesane, descrites aux decretales par Honoré 3. *c. conquerente. &c. dilectus in gl. de offic. iud. ordin.* il adjouta pour le Curé, *& iure Iacobi Clerici ad quem in vita sua Ecclesia pertinet supra dicta*; qui estoit son droict & pouuoir Curial : Et selon la façon d'alors, il est nommé absolument Clerc, comme sous le mesme nom ledit Alexandre 3. entendoit specifiquement le Curé, traictant aussi d'vn pareil suiet. *c. de quarta. de præscrip. c. cùm venisset. de restit. spoliat.*

Par cette donation ladite Cure fut faite Cure reguliere, c'est à dire affectée à vn Curé regulier de l'Ordre de sainct Ruf, qui pareillement estoit titulaire & perpetuel; *præsentatum incurabimus, præsentatus verò & incuratus in vita sua præfata Ecclesiæ præesse tenebitur.* C'est suiure le style & l'ordonnance de sainct Anaclete, *presbyter ad quemcumque locum vel Ecclesiam in eo constitutam est præficiendus, atque in ea diebus vita sua duraturus. Apud Burchard. l.* 1. *c.* 4.

Iubn. l. 3. tit. 7. c. 7. & ex parte apud Gratian. c. Episcopus. dist. 80.

Que le Curé regulier de Chagny porta de plus le nom de Prieur, & l'Eglise celuy de Prieuré, qui fut Conuentuel.

Chapitre II.

ALors, parceque les Moines, & les Chanoines reguliers, estans preposés aux Eglises Paroissiales, ne deuoient pas y demeurer seuls, par le decret du Concile de Latran sous Alexandre 3. & par le Rescrit d'Innocent aussi 3. *c. Monachi, & c. quod dei timorem. de stat. Monach. & canon. regul.* Le Religieux de sainct Ruf fait Curé de Chagny amena auec soy quelques siens Confreres, les reuenus le permettans bien, qui luy furent delaissés par l'Abbé, & les annexes de la Paroisse le requerans, pour leur desserte.

En suite, comme les mesmes Eglises Paroissiales données aux reguliers ayans quelques Religieux auec eux, *eod. c. Monachi.* auoient esté dictes Prieurez par Honoré 3. *c. ex parte, & c. ad audientiam. de Capell. Monach. & alior. Religios.* L'Eglise de Chagny prit pareillement le nom de Prieuré, & son nouueau Curé, qu'elle receut sous le Pontificat de ce Pape, se qualifia Prieur, pour se discerner des autres Curez, & rendre plus venerable; De sorte qu'à l'occasion de ses Religieux, & à cause de sa charge du peuple, il se nomma des deux noms conjoints, Prieur & Curé, & son benefice Prieuré Curé.

D'ailleurs, parce qu'il eut deslors, ou successiuement deux ou trois Religieux auec luy, il fut aussi dit Prieur Conuentuel, & son Eglise Conuentuelle, outre sa premiere denomination de Paroissiale, conformément à cette resolution canonique, *Ecclesia Conuentualis dicitur, ex quo duo, vel tres in collegio sunt. glos. in c. nobis. verb. in Conuentuali. de iure patr.* Ces Religieux adjoincts, ont esté faits Officiers, à sçauoir Sacristain, Hospitalier, Leprosier Appert de tout cecy par tous les titres & contrats, qui ont esté faits de la part, & en faueur desdits Prieur, Eglise, & Conuent.

Il est vray que ce Prieuré s'est formé, & ces nouueaux noms Prieur, Eglise Conuentuelle, ont esté pris & donnés, outre & par dessus le dispositif de la donation de Durandus, qui n'a parlé que de la Cure & du Curé, comme necessaires, & de l'essence de l'Eglise. Mais ce Conuent s'est bien peu faire de la seule disposition de l'Abbé, pour estendre son Ordre; puisque l'Eglise & les reuenus luy furent concedés *ad proprios vsus* : C'est ce que veut dire le mot, *Concedimus Ecclesiam perpetuis temporibus possidendam.* Ainsi cette parole d'Innocent 3. *Cœnobys conferre perpetuò Ecclesias*, est expliquée dans la glose, *vt Monachi habeant fructus illarum, & retineant Ecclesias ad vsus proprios. c. tua nuper. verb. conferre. de ys quæ fi. à præl.*

Commẽt ce Curé Prieur se deschargea de la Cure des ames sur vn Vicaire perpetuel: Où est monstrée l'Origine, & le frequent establissement des Vicaires perpetuels.

CHAPITRE III.

ON a fait plus ; cette Conuentualité establie en l'Eglise de Chagny, & entretenuë de ses reuenus que l'Abbé quitta, le Curé-Prieur se contentant de gouuerner les Religieux, fit ériger en ladite Eglise le titre d'vne Vicairie perpetuelle, presentant à Monseigneur l'Euesque vn Vicaire perpetuel, qui canoniquement institué seroit Curé & Recteur de la paroisse en sa place, & auroit vne portion particuliere & determinée des reuenus, comme nous voyons presentement.

Cela se pratiquoit en ces temps-là: Voicy son fondement sur les Canons, (si quelqu'vn doutoit qu'il l'ait peu faire) & les exemples qu'il eut. Comme certains Prieurs-Curez, & autres Recteurs des Cures aymans le repos deposoient le regime de leurs Paroisses à des Vicaires, qu'ils ostoient quand ils vouloient, le Pape Alexandre 3. authorisa bien cette descharge & remise des Prieurs & autres Prelats d'Eglises, du soin des ames à des Vicaires substitués; mais ce fut en ordonnant qu'ils seroient institués par l'Euesque, & de consequent perpetuels, lesquels ne pourroient estre ostés par le successeur du Prelat de l'Eglise, qui les auroit presenté, à moins de commettre cas qui meritast deposition ; qui est à dire, qu'ils seroient titulaires, non commissionnaires, que toute la Cure des ames seroit transmise & conferée au Vicaire perpetuel, & non plus inherente & residente en la personne du Prieur, ou autre Recteur ; lequel assigneroit vne portion certaine de ses reuenus audit Vicaire perpetuel, qui seroit son propre benefice, & ne pourroit aussi estre diminuée. *c. Adhæc. de offic. Vicar. Grimaudet*, traicté des Dismes, *liu. 2. c. 7. n. 6. 7. 8.*

En consequence & par vertu de cette concession & ordonnance d'Alexandre 3. quantité d'Eglises autrefois Prieurez-Curez, c'est à dire regies par vn Prieur, qui estoit ensemblement Curé, furent diuisées en deux benefices, l'vn principal, l'autre moindre, par l'establissement qui a esté faict en chacunes d'vn Vicariat & Vicaire perpetuel, pour la conduite des ames, que le Prieur las du trauail y a quittée.

Le mesme souuerain Pontife par d'autres siens Reglemens presupposoit & agreoit de semblables Eglises, partagées à deux personnes, dans lesquelles l'vne superieure auoit le titre de Personat ou Prelat, l'autre subalterne celuy de Vicaire perpetuel. *c. proposuit. c. constitutus & c. ad extirpandas. de fil. presbyt. c. quia verisimile. de præsumpt. c. illud. de exces. præl.*

Clement 3. son successeur assez proche, a admis comme luy des Personnats, & des Vicariats perpetuels en certaines Eglises, où le fils ne succederoit point immediatement à son pere, qui auroit tenu en icelles l'vn ou l'autre benefice, c'est à dire qui y auroit esté le Curé primitif, ou le Vicaire perpetuel. *c. Michaël. de fil. Presbyt.*

Et d'effet c'est proprement au suiet de cette pratique de retirer d'vn Prieur, ou autre Prelat, la Cure des ames, & l'assigner à vn Prestre secondaire, que le mot Curé primitif (né en France) & le nom Vicaire perpetuel ont esté introduits; d'autât que celuy-là estoit primitiuement Curé, & cettuy-cy tient sa place & luy succede en la charge Curiale. Ainsi encore, quand vne Cure est vnie à vne dignité, ou prebende, le Chanoine desseruant en la grande Eglise, y met vn Vicaire perpetuel, par l'Ordonnance du Concile de Latran sous Innocent 3. *c. extirpandæ §. qui verò. de præb. & dign.* & il prend le mesme nom de Curé primitif, (comme fait le Chapitre, ou vn Monastere, si l'vnion luy est faite) par cette autre raison, qu'il possede vn reuenu, côme benefice simple, qui estoit primitiuement benefice Curé, & appartenant deuant l'vnion au seul Curé. *Chabanel.* liu. de l'antiquité des Eglises Paroissiales, *ch.* 6.

Le Chanoine regulier Prieur-Curé de Chagny, qui vint 20. ans apres le siecle des susdits Pontifes Alexandre, Clemét, & Innocent 3mes sçauoit leurs Canons, & voyoit la pratique frequente de l'establissement des Vicaires perpetuels, il a peu délors, ou quelqu'vn de ses prochains successeurs, faire diuiser de son Prieuré la Cure des ames, & constituer de l'vn & de l'autre deux benefices, luy suffisant de regir ses Religieux. Que si cela n'a pas esté fait du temps des premiers Prieurs-Curez, leurs autres successeurs ont esté d'abondant informés que les Papes Boniface 8. Clement 5. Iean 22. ont aussi fait mention & donné des Regles de telles Eglises ou Prieurez-Curez, qui auoient la charge des ames, laquelle a esté destachée des Prieurs, & conferée à vn Vicaire perpetuel, dont les vns sont Prieurez Reguliers, les autres Seculiers, aucuns Conuentuels ou Collegiaux, autres simples. *c. cùm singula. in princ. de præb. & dign. in 6. Clement. quia regulares. in fin. de supl. negl. præl. Clem. ne in agro. §. ...iane. de iure patr. Extrau. comm. execrabilis cum glos. verb. Prioratus. de præb. & dign.*

Bref pour confirmation que cela se pratiquoit aux siecles passés, le Concile de Trente, dans la deffense qu'il a faite de ne plus conuertir en simple benefice les benefices ayans charge d'ames, encore bien que l'on assigne vne portion congruë à vn Vicaire perpetuel, *sess. 25. c. 16. de reform.* suppose manifestement que les Cures ont peu autrefois, auant ledit Cocile, estre partagées en vn benefice simple appartenant au Prieur & Superieur de l'Eglise, & en vne Vicairie perpetuelle attribuée au Pasteur & Recteur du peuple. Le Concile reiette non absolument, mais pour l'aduenir seulement, telle diuision des benefices chargés du soin des ames, qui auparauant se faisoit frequemmét entre le Recteur principal d'vne Eglise, & vn Vicaire perpetuel presenté par luy à l'Euesque, appanagé d'vne portion des fruicts, comme nous voyons de toutes parts en vn grand nombre d'Eglises primitiuement Prieurez-Curez, qui ont à present les deux titres separés.

Sans aller au loin, telles sont dans le voisinage de Chagny les Eglises Prieurales & Paroissiales de sainct Marcel, sainct Laurent, saincte Marie, sainct Iean Des-Vignes, à Chalon; de sainct Romain, Chorrey, Combertaut, Palleau proche Beaune

Beaune: Dans icelles il y a Prieuré, & Vicairie perpetuelle.

Dans l'Ordre de sainct Ruf, comme és autres, les Prieurez-Curez qui en defpendent à Lyon, à Annonay, sainct Vallier, & ailleurs sont pareillement partagés, par la diuision des deux titres, à vn Prieur, & à vn Vicaire perpetuel.

Cela s'eft fait auec facilité aux riches & opulentes Cures, où d'ordinaire les Prieurs enuoyés & eftablis par les Abbez prefentent à l'Euefque le Vicaire perpetuel, auquel ils donnent vne portion competente des reuenus, & se retiennent auec les principaux fruicts, & le droict de prefentation, le nom honoraire de Curé primitif, c'eft à dire qui primitiuement ou anciennement eftoit Curé, & ne l'eft plus.

Rebuffe efcrit, *Et hic Vicarius perpetuus interdum ad prafentationem Prioris conftituitur. prax. benefic. tit. de Vicar. perpet. num. 12.* Les Chapitres cités du Droict, & les lieux fufnommés, & l'experience, monftrent par tout ces prefentations des Vicaires perpetuels par les Prieurs, de l'adueu des Abbez.

Delà donc il s'eft raifonnablement fait, que le Prieur-Curé de Chagny, cherchant fon repos dans la feule difcipline reguliere, fit diuifer la Cure des ames d'auec fon Prieuré, prefentant à Monfeigneur l'Euefque de Chalon vn Preftre, regulier ou autre, beneficié d'vne portion de fes reuenus, qui fut crée en fon lieu Recteur des ames, dit Vicaire perpetuel, & fes fucceffeurs, conformement à cette definition du Droict, *Vicarius perpetuus dicitur, qui Canonice à perfona Ecclefia & authoritate Epifcopi eft institutus, & certam debet percipere portionem. gl. in c. ex parte. Verb. perpetuos Vicarios. de offic. Vicar. & in c. extirpandæ §. qui verò. verb. perpetuum. de præb. & dign.* Nous le voyons ainsi. C'est pour cela que les Bulles, qui s'expedient du Prieuré de Chagny, (lequel elles nomment Conuentuel, non toutefois electif) contiennent ces mots, *cuique Cura, nisi per Vicarium perpetuum exerceri solita, non imminet animarum.*

Raisons & preuues de l'institution d'vn Vicariat & Vicaire perpetuel en l'Eglise de Chagny.

Chapitre IV.

ON ne sçait pas iustement lequel, ou le quantiesme Curé-Prieur, a obtenu cette separation de la Cure d'auec le Prieuré, mais on sçait, & tout le monde connoit qu'elle à esté faicte, des vn long-temps. Qu'elle ait esté possible, les Canons & les exemples sus-alleguès le tesmoignent; Et pour venir de la these à l'hypothese, ou de la question de droict, à celle du fait, rien n'a repugné à cette separation, & institution d'vn Vicaire perpetuel. Il ne fut pas moins loisible & facile au Prieur-Curé de Chagny, qu'à ceux des autres Ordres, & du leur, de nommer & faire instituer en ladite Eglise vn Vicaire perpetuel, puisque cela se faisoit ailleurs de l'approbation des souuerains Pontifes, & veuë l'abondance des reuenus plusque suffisans pour sa mense Conuentuelle, & pour l'entretien dudit Vicaire perpetuel, la Benediction d'Afer eftant paffée au terroir de Chagny, *pinguis panis eius, & præbebit delicias regibus. genef. 49. v. 20.*

L'obftacle qui s'y pouuoit trouuer, euft procedé de la part de l'Abbé de fainct Ruf, lequel y auoit intereft ; mais il eft éuident parce qui s'eft enfuiuy, qu'il voulut bien à l'exemple des Abbez des autres Religions, & comme il fe pratiquoit en fon Ordre, cette feparation du Prieuré d'auec la charge Paftorale, puifque toufiours il a agrée que le Prieur aït nommé à l'Euefque le Pafteur, à prefent Vicaire perpetuel, au lieu que c'eftoit à luy de le nommer & prefenter ; laquelle feparation, & droit de prefentation il luy accorda d'autant plus volontiers, qu'il eut en fuite de l'eftabliffement de ces deux benefices, le Prieuré à part, & la Vicairie perpetuelle diftincte, vn pouuoir plus grand, à fçauoir la pleine inftitution du Prieur, laquelle il prefera à la fimple nomination qu'il auoit du Curé par la donation de Durandus, de laquelle il luy auoit defia cedé fon autre droict qui confiftoit en la perception & proprieté des reuenus. Deflors en cas de vacation, l'Euefque receuant la prefentation & nomination du Prieur, pour celle auparauant de l'Abbé, il a pourueu & pourueoit toufiours fon prefenté, & le fait Curé d'Office, demeurant audit Prieur le nom de Curé primitif.

Touchant ledit Seigneur Euefque, Durandus & fes fucceffeurs n'eurent pas moins la fin & l'effet de leur donation, fçauoir eft l'inftitution du Pafteur titulaire de la Paroiffe de Chagny, qui n'a changé que fuperficiellement de nom ; car bien qu'il foit dit Vicaire perpetuel, il eft neantmoins par son estat Curé, pourueu & chargé de la Cure des ames, *ad Curam Ecclesiæ præsentatus, & incuratus*, lequel doit pareillement en ce qui est des fonctions Curiales & des affaires de Paroisse (comme le Prieur aux choses regulieres & appartenantes au Conuent) *in vita sua præfatæ Ecclesiæ præesse* ; terme de l'Apostre, signifiant l'authorité & le ministere des Recteurs du peuple ; *qui benè præsunt Presbyteri, duplici honore digni &c.* 1. Timoth. 5. v. 17. Semblablement dans le Droict les benefices des Vicaires perpetuels sont dits *beneficia curata, incurata. glos. in extrau. execrabilis. Joan. 22. lit. h. i. §. quantum autem.* Et leur Office est, *præesse & prodesse* à leur Paroisse. *c. sicut. de supl. negl. præl.* Si on les nomme Vicariats & Vicaires perpetuels, c'est simplement pour les distinguer des autres Cures & Curez, qui n'ont point de Curez primitifs, car ils sont les mesmes pour la charge des ames.

Quand à l'Eglise, elle profita en cette separation de la Cure des ames d'auec le soin du Prieuré ; car pour vn benefice elle en eut deux, & deux differens Recteurs au lieu d'vn, le Prieur gouuernant le Conuent, & le Vicaire perpetuel regissant la Paroisse, desquels aussi les prouisions sont differentes. De quelque costé la chose soit examinée, rien n'a contrarié ; mais plûtost tout a contribué à cette institution d'vn Vicaire perpetuel.

D'abondant, auec les titres & enseignemens de tout cecy, il y a possession & prescription en faueur du Prieur pour ses droicts de patron Curé primitif, & pour l'erection dudit titre de Vicairie perpetuelle, au delà de tous les temps des legitimes prescriptions : Et cette prescription est bien fondée & authorisée par les Canons. *c. ea noscitur. §. nisi. de ijs. quæ si. à præl. c. cùm tanto. de consuet. c. auditis. de præscript.*

Ainsi donc cét ancien accord & accommodement de l'Abbé & du Prieur, tousiours executé par eux, & admis par l'Euesque, & la succession continuë desdits Vicaires perpetuels, monstrent tres-bien qu'effectiuement la diuision a esté faicte de la Cure d'auec le Prieuré.

Mais cette actuelle creation d'vn Vicaire perpetuel se reconnoist encore par les autres effects qui la suiuirent. D'vne part, l'Autel Paroissial fut estably & mis à l'aisle droicte du chœur en vne Chapelle, a qui on donna le nom du mesme sainct Martin, de sorte que le Prieur & ses Religieux officioient au grand Autel, qui leur fut propre & reserué, & le Vicaire perpetuel disoit sa Messe Paroissiale en cestuy-cy destiné pour la Paroisse. Cette distinction d'Autels & de Messes presupposoit certainement vn Recteur des ames distinct du Prieur; car il n'y a point d'apparence que ledit Prieur celebrast la Messe Paroissiale dans cette Chapelle, & y fist les fonctions Curiales, delaissant le maistre Autel & le lieu plus honorable à ses Religieux. Du depuis toutesfois les Paroissiens n'aymans pas d'estre confinés en vn coin de leur Eglise, le grand Autel fut rendu commun au Vicaire perpetuel & au Prieur, afin d'y celebrer aussi la Messe Paroissiale, auparauant tousiours la Conuentuelle, & pour y administrer la saincte Communion, solemniser les Mariages, Benir & imposer les Cendres, dire la Passion, & faire autres actes Curiaux.

D'autre part, ces deux Benefices estans formés & distingués, vne modique portion des Decimes (qui auoient commencé sous Philippes Auguste) fut imposée & reiettée sur la Cure ou Vicairie perpetuelle, separement & par diminution de la taxe de celles imposées au Prieuré. Cette continuelle imposition & distinction des Decimes est vne éuidente preuue de l'existence & difference des benefices. Il est vray neantmoins que depuis que le Vicaire perpetuel a faict reduire sa portion congruë en argent, sadite cotte des Decimes est à la seule charge du Prieur, conformément aux Ordonnances Royaux, & à l'Arrest donné à Dijon entre Me Charles Piget & le present Prieur, le 17. Nouembre 1628. suiuy à l'occasion de l'Ordonnance de 1629. d'vne transaction passée entre le mesme sieur Maximilien de Rouvray & le present Vicaire perpetuel pardeuant Maistre Iean de Maiziere Notaire Royal à Chagny, le quinziesme May, mil six cens quarente-huict.

Le Vicaire perpetuel eut aussi sa maison Curiale distincte, qui estoit celle des Curez seculiers auparauant la venuë desdits Religieux. La maison Prieurale fut construicte tout le long de l'Eglise, joignant ses murailles du costé du midy ; on edifia celles des Officiers au deuant de ladite Eglise : Ce qui obligea de faire le Cimetiere de la Chapelle sainct Iean Baptiste, pour suppléer, au petit qui resta à l'Eglise de sainct Martin.

Autres preuues par l'exhibition d'vn long Catalogue des Vicaires perpetuels.

CHAPITRE V.

POVR vne preuue peremptoire, laquelle conclut & manifeste à plein cette diuision de la Cure des ames d'auec le benefice du Prieuré, voicy vn Catalogue des Vicaires perpetuels establis en l'Eglise de Chagny, d'vn nombre d'années, qui excedent toutes celles que demandent les prescriptions. S'il y à des coustumes obseruées dans vn Estat, desquelles on ne trouue pas le temps du commencement, on en rapporte le premier vsage & exercice à la naissance & commencement mesme de l'Estat: Ainsi ne sçachans point precisément quand s'est faite la premiere institution du Vicaire perpetuel en la Paroisse de Chagny, nous la pourrions referer aux années du premier, ou des seconds Prieurs-Curez; le denombrement icy inseré nous marque des Vicaires perpetuels en l'Eglise de Chagny bien anciens, mais non les premiers, qui ont porté en icelle cette qualité, parce que les iniures des temps, les guerres, les incendies nous ont rauy la pluspart des anciens Registres, & monumens des choses passez, & dans Chalon, & à Chagny. Mais quoy qu'on n'ayt pas le titre de la premiere institution dudit Vicaire perpetuel, suffit pour valablement inferer qu'il y a vne vicairie perpetuelle en l'Eglise de Chagny, de demonstrer que tel est l'estat continuel de ladite Eglise, suiuy & affermy par les prescriptions des temps.

Au commencement le Prieur presentoit vn Vicaire perpetuel de son Ordre, & alors la Cure estoit tousiours reguliere: par apres le Vicaire perpetuel fut pris, plus conuenablement, du Clergé seculier, & par vne plusque suffisante possession & canonique prescription elle est retournée à son premier & naturel estat de Cure seculiere. Le nom de Curé leur estoit ordinairement donné, *à Cura animarum*, parce qu'ils auoient le soin des ames; & quelquesfois ils tenoient vn Vicaire sous eux, ou pendant leur absence.

Nous commencerons cette liste & denombrement des Vicaires perpetuels de l'Eglise de Chagny, par vn contract de 1457. 23. Octobre, receu de Philibert Regnaudin Notaire publique à Chagny, (la Bourgongne estoit encore sous les Ducs) lequel nomme & specifie Iean Gaultheron Prieur du Prieuré de Chagny, les Officiers du Prieuré, & Perrenot Doucet Curé de la Paroisse dudit lieu, tous Chanoines de l'Ordre de sainct Ruf, qui acceptoient vne fondation d'vn anniuersaire faite par Philibert Grappin dudit Chagny.

Vn autre contract de fondation d'vn *Inuiolata* faite par Claude Saulnier, receu de Iean Billeron Notaire publique le 18. Nouembre 1475. denomme auec Guillaume Taquenet Prieur, & ses ;. Officiers, vn Iean de Maiziere, tous Chanoines Reguliers, lequel de Maiziere estoit le Curé, comme chacun voit par son Epitaphe graué sur son tombeau au deuant la Chapelle St. Michel, dont il estoit aussi Chapelain.

Vn trois-

Vn troisiesme contract, receu par Iean Bouclier Notaire Royal à Chagny le 28. May 1529. contient vn eschange de la maison de la Cure de Chagny, en ces temps-là, contre la maison despendante de l'Hospital dudit lieu, qui est à present la Curiale, lequel fut fait par Rodolphe Blanc, Chanoine de sainct Ruf, Prieur de Chagny, au nom & soy faisant fort pour Claude Tabernier, *alias* persenal, aussi Chanoine de sainct Ruf, Cloistrier du Prieuré de la Coste sainct André, & Curé de l'Eglise Paroissiale sainct Martin dudit Chagny, auec Louys Saulnier Chanoine du mesme sainct Ruf, Recteur dudit Hospital. D'où pareillement il appert, que le Curé ou Vicaire perpetuel estoit distinct du Prieur de la mesme Eglise.

Par vn contract subsequent, receu dudit Bouclier le 3. Iuillet 1530. Nicolas Ogier Prestre Vicaire de Chagny, au nom & comme Procureur special dudit Tabernier Curé, non residant, fondé de sa procuration du 7. Auril audit an, qui est inserée au bas d'iceluy, ratifia & approuua le susdit contract d'Eschange precedemment faict par ledit Blanc Prieur, au nom du mesme Tabernier, auec ledit Saulnier.

Entre ces deux contracts d'eschange, & de ratification, ledit Rodolphe Blanc Prieur fit vn contract de transaction, receu par Guillaume de la Maison Notaire Royal à Chagny le 16. Mars 1530. auec Antoine Castin Secretain, ledit Louys Saulnier Hospitalier, & Andoche Morain maistre de la Maladiere, tous Prestres Religieux & Officiers dudit Prieuré, & auec le susdit Nicolas Ogier aussi Prestre & Vicaire du Curé de ladite Eglise, stipu-

D

sant tant pour soy, que pour ledit Curé absent (qui estoit le susdit Tabernier Cloistrier au Prieuré de la Coste sainct André) par laquelle transaction ledit Prieur s'obligea pour luy & ses successeurs, de donner tous les ans perpetuellement à vn chacun desdits Secretain, Hospitalier, & Maistre de la Maladiere, & audit Curé, ou à son Vicaire, (ce sont les mesmes termes) & à leurs successeurs, quatre bichets de froment, trois queuës de vin, & vingt liures en argent, moyennant quoy ils se nourriroient en leur particulier, à la descharge d'iceluy Prieur. Les Vicaires perpetuels ont depuis suiuy l'Ordonnance & les Edits du Roy, pour la taxe de leur portion congruë.

Les originaux de ces contracts se trouuent aux protocoles des susdits Notaires qui les ont reçeu, chez maistre Louys Lambert Gardenote des minutes anciennes à Chalon : Et ils font voir éuidemment la distinction du Curé ou Vicaire perpetuel d'auec la personne du Prieur alors titulaire, auiourd'huy commandataire.

Nous voyons de plus, de la teneur de ces contracts, que la Cure de Chagny estoit administrée par vn Prestre seculier, Vicaire d'vn Curé Vicaire perpetuel Religieux, qui aymant mieux le repos de son Cloistre, que le trauail du Pastorat, ne residoit point. Ainsi petit à petit les Chanoines Reguliers quittoient en leurs Eglises l'administration des Paroisses. De là vint que l'on cessa de plus presenter & d'admettre des Reguliers à ladite Cure; attandu mesme que les Canons sus-allegués des Papes Boniface VIII. & Clement V. marquent & presupposent que la Cure des ames est exercée dans les Prieurez-Curez des Religieux, par les Prestres seculiers. *c. cùm singula. de præb. & dign. in 6. Clem. nè in agro. §. cæterum. de stat. mon. vel can. reg.*

Aussi Yues de Chartres, Chanoine Regulier auparauant son Episcopat, rapporte que dans l'Euesché de Limoges l'Euesque deffendit en plein Synode aux Clercs (nous disons Chanoines) Reguliers, de plus exercer la Cure des ames: laquelle Ordonnance, bien qu'elle luy semblast vn petit rude, il estime plus vtile à leur Ordre, & conseille à Gaultier Superieur de pareils Chanoines d'y obeyr. *Epist.* 69. Le Synode de Rheims soubs Hincmare, auoit dit pareillement de ses Chanoines Reguliers, *Constat enim & certum est, quia & Claustra Monasterij, & obsequia debita, & quæ sunt necessaria plebi in rusticanis Parochijs, insimul exequi nemo valebit: quomodo enim &c. habetur tom. 3. Concil. antiquor. Galliæ.*

※※※※※※※※※※※※※※※※※※

Que la Cure ou Vicairie perpetuelle de Chagny est retournée des Reguliers aux Pasteurs seculiers.

Chapitre VI.

IAcqves Grange Prestre seculier, estoit Curé ou Vicaire perpetuel de Chagny en l'an 1566. ayant vn Vicaire aussi seculier, pour faire, à deffaut des Religieux, la petite desserte de Bouzeron & Remigny. Gela se verifie par trois pieces d'vn mesme faict conionctes, receuës les 24. Mars, & 2. & 15. Septembre. 1566. par Abraham Bouclier

Notaire Royal à Chagny, & conseruées chez le susdit Gardenote des vieux contracts & protocoles du Bailliage de Chalon ; a sçanoir vn Bail de certains heritages du Domaine de l'Eglise, deliurés par maistre Iacques Grange Curé de Chagny à Iean Valleau dudit lieu, moyennant la rente annuelle de quatre liures ; vn rapport des preud'hommes, que lesdits heritages ne valoient pas d'auantage ; & la ratification faicte dudit Bail par le sieur Adrien de Gasse de Rouuray Prieur dudit Chagny, en laquelle est denommé maistre Estienne Pieret Vicaire d'iceluy Grange, auec frere Michel de Villeneufue Sacristain.

Deslors, sinon de plus loin, la Cure ou Vicairie perpetuelle de Chagny est retournée aux Prestres seculiers, & à cōmencé de r'entrer en la secularité : lesquels Vicaires perpetuels seculiers sont subiects au seul Euesque. *o. in Ecclesiis. de cap. mon. & alior. rel.*

Le susdit Iacques Grange Curé en 1566. ayant faict huict ans après vne demission dudit Vicariat perpetuel de l'Eglise de Chagny, entre les mains dud. Sr. Adrien de Rouuray Prieur & Curé primitif, Me. Benoist Corney presenté par luy à Monseigneur l'Euesque de Chalon fut pourueu de lad. Cure ou Vicairie perpetuelle, en 1574. 19. Fevrier.

Ledit Corney decedant sans auoir resigné, maistre Louys Poteret presenté par Maistre Iean Feuillot Prieur, obtint ladite Cure & Vicariat perpetuel, en 1581. 16. Ianuier.

Cette mesme Cure ou Vicairie perpetuelle vacante par la mort du Titulaire, & personne n'estant presenté dans les six mois à Monseigneur de Chalon, il la confera absolument à Me. Claude

Coullenot, comme douoluë à sa libre collation par deffaut de nomination, en 1597. 2. Iuin. Elle doit auoir son Pasteur; les Religieux persuadoiét mal au Prieur qu'ils exerceroient les fonctiós Pastorales.

Iceluy Coullenot la resignant en cour de Rome, Me. Elie Forneret l'obtint, en 1624. 22. Octobre.

Ledit Forneret la resignant pareillement en cour de Rome, auec reserue d'vne pension, Me. Charles Piget en fut pourueu, en 1625. 17. Auril.

Ladite Cure & Vicairie perpetuelle vacante par la mort dudit Piget, le sieur Maximilien de Rouuray present Prieur presenta à Monseigneur de Chalon frere Iean Lucas religieux de sainct Ruf, à qui elle fut conferée, en 1630. 16. Iuillet. Ce fut l'année du trespas dudit Piget.

Les Prestres seculiers se sont acquis la Vicairie perpetuelle de Chagny, par vne legitime & surabondante prescription.

CHAPITRE VII.

ICy sera remarqué, non seulement que la Vicairie de l'Eglise de Chagny est tres-certainement perpetuelle, mais qu'elle est tres-legitimement possedée par les Prestres seculiers. Comme nous auons veu le premier, le second se verra par la consideration du continuel estat de la mesme Eglise, qui est passé au delà de la prescription canonique.

Deż l'an susdit 1566. iusques à 1630. soixante quatre ans se sont escoulés, durant lesquels la Cure de Chagny a esté continuëment & pacifiquement possedée par des Curez seculiers. Que si quarante ans d'vne possession paisible & non interrompuë font vne prescription legitime, & suffisent pour former & prescrire la qualité d'vn Benefice, en sorte qu'il soit regulier ou seculier, selon la diuerse condition de ses possesseurs continus; Voila plus d'années qu'il n'en faut à la prescription des Prestres seculiers, pour rendre la Cure de Chagny seculiere, & l'affecter à eux seuls, si auparauant elle a esté reguliere par vne autre possession des reguliers.

Encore bien que les Chanoines reguliers l'ayent tenuë auant ladite prescription commencée, c'est à dire auant le commencement desdits quarante ans, & l'ayent par autres quarante ans precedens, ou plus, faicte reguliere; son estat & sa qualité a esté depuis changée par cette posterieure continuë possession & legitime prescription des Curez seculiers, qui est non seulement de quarante, mais de soixante quatre ans, depuis Iacques Grange, iusques à Charles Piget.

Ce que le frere Lucas a porté ladite Cure aprés ledit Piget dix mois, & quand il y auroit plus, est de nul effect, puisque la prescription des Prestres seculiers estoit alors plus que complete: Vne possession de quelque temps apres les seuls quarante ans de paisible possession ne faict rien, il faudroit que ledit Lucas, ou de ses Confreres l'eussent possedée autres quarante années continuës, pour luy redonner la qualité de reguliere.

La Loy canonique est claire & decisiue, que le Benefice est seculier, *quod tanto tempore ab vno, vel pluribus secularibus Clericis institutis in eo Rectoribus extitit continuè ac pacificè gubernatum , vt præscriptio legitima sit completa* (qui est la quadragenaire) *etiàm si antè, vel pòst Religiosi quandoque ministrauerint in eodem. c. cùm de beneficio. cum gloss. verb. legitima. & in summa. de præb. & dign. in 6.* Ainsi certains Prieurez simples , qui estoient membres & portions des Abbayes, tenus par les reguliers, aprés qu'ils ont esté possedés en tiltre l'espace de quarante ans par des seculiers , sont deuenus effectiuement benefices seculiers, parce que tel est l'effect de ladite prescription. Et à ce subject Clement V. au Concile de Vienne a ordonné que les Prieurez, Eglises, Administrations, & autres Benefices despendans des Monasteres, soient conferés *secularibus Clericis, quæ consueuerunt per seculares Clericos gubernari. Clement. vnic. quia regulares. de suppl. negl. præl.* On considere tousiours le dernier estat d'vn benefice, qui est tel que sa derniere possession quadragenaire.

Au regard donc de la Vicairie perpetuelle de Chagny tres-bien acquise aux Prestres seculiers, si on vouloit obiecter que le contract de Durandus auec Falco, attribuë la charge Pastorale à vn Chanoine regulier ; la responsse est, qu'il est prescrit & abrogé en ce poinct, côme vne obligatiô qui a passé le temps d'estre exigée, & ne peut fonder aucune actiô contre l'estat present de lad. Eglise, *quadragenalis præscriptio omnem prorsus actionem excludit. c. ad aures. de præscript.* De sorte que Monseig. l'Euesque n'est plus obligé de receuoir & instituer en la Cure de Chagny vn Religieux de sainct Ruf. Et si l'Abbé affectoit de presenter ledit Curé ou Vicaire perpetuel, & s'approprier les reuenus de l'Eglise en vertu dudit contract, le Prieur luy opposeroit aussi sa prescription en ces deux chefs, par laquelle il se maintiendroit en sa iouïssance. *Ecclesia se potest aduersus Ecclesiam quadragenaria temporis præscriptione tueri de re illa, quam inconcussè quadraginta annis* (icy c'est de tout temps.) *noscitur possedisse. c. illud. de præscript.* Mais quand bien vn Prieur renonceroit à ses droicts de la nomination, & des fruicts, l'Abbé seroit tousiours tenu, s'il plait à Monseigneur de Chalon, de nommer vn Pasteur seculier, à raison de la mesme vsance & prescription; laquelle au reste a esté dans son commencement, & son progrez raisonnable, le regime des Paroisses appartenant mieux aux Prestres seculiers successeurs des 72. Disciples, que aux reguliers; & de bonne foy, puisque les Prieurs ont r'appellé par leur presentation, & l'Abbé & ses grands Vicaires ont tousiours agrée dans leurs visites & par leurs reglemens ces mesmes Pasteurs du Clergé seculier canoniquement pourueus de sa Saincteté & de l'Ordinaire.

De plus quand on supposeroit, ce qui n'est pas, qu'il y auroit eu quelque sorte de mauuaise foy, dans quelques interualles, voire durãt tout l'espace desdits quarante ans, cela n'empescheroit point qu'apres les mesmes quarante ans paracheués, & la prescription de consequent complete, ladite Vicairie perpetuelle n'ait appartenu de droict & pour tousiours aux Prestres seculiers, à raison de cette prescription canonique. *Gloss. in c. vigilanti. verb. nouerit. & in c. quoniam. verb. nulla temporis. de præscript. & in c. possessor. in summa. Ideò & dicit Bart. & c. de regul. iur. in 6.* Enfin, si contre le droict
commun,

de Curé: car tous les actes proprement Curiaux, & qui emportent ou denotent iurisdiction sur le peuple, appartiennent audit seul Vicaire perpetuel.

C'est à luy sans alternatiue, ou sans tour, ny aucun partage auec personne, d'administrer les Sacremens, celebrer les Mariages, dire les Messes de Nopces, & de purification, auoir riere soy les clefs du Tabernacle, des Fonts, & des Onctions, leuer aux Obseques les corps, & les enterrer, mesme les Religieux y assistans, & marchans comme aydes aux seconds rangs, benir & imposer les Cendres signes de nostre mortalité, faire aux veilles de Pasques & de Pentecoste la benediction des Fonts Baptismaux, qui sont en la Mere Eglise de Chagny, auec les Vaisseaux des sainctes Huiles, pour les Habitans des trois lieux, ceux de Bouzeron & de Remigny receuans le Baptesme & l'Extreme-Onction dudit Curé leur principal Pasteur; lequel aussi est seul appellé au Synode Diocesain, pour rendre compte à Monseigneur l'Euesque de la conduite spirituelle desdits Secours, comme de Chagny. Il benit les Croix, qui se mettent aux champts, le iour de l'Inuention Ste. Croix, & dés ce iour-là iusques à l'Exaltatiõ il dit la Passion, & fait les Prieres pour les fruicts de la terre, &c. Tous les Dimanches la benediction & aspersion de l'Eau benite, la reception ou benediction du Pain benit, la Chaire, le Prosne, publications, Exhortation, &c. luy appartiennent. Et les emolumens Curiaux, droict de passion, & toutes offertes de pain, vin, argent, linceuls, draps de morts sont à luy seul : Les Fabriciens, qui fournissent tout le luminaire, reçoiuent celuy des enterremens. Et les seruices des fondations, ou votifs, estans communs ausdits Religieux & Vicaire perpetuel, ils en partagent les reuenus & profits entre eux esgalement. Il est encore libre du chant du Chœur, & tousiours tenu present à l'Office, en consideration de ses fonctions Curiales. Et si vn article a dit que luy & eux feroient reciproquement Diacre, & sous-Diacre aux grandes Festes, il n'a pas esté obserué, à raison de ses mesmes fonctions, &c. Mais parceque cette transaction, les faisant comme vn corps, à confondu en vne seule Messe, la Conuentuelle, & la Paroissiale, & contreuient aux susdits Reglemés, & Arrest, donnés sur leurs contestations, Monsieur le Prieur de ladite Eglise en a demandé la cassation par vne requeste presentée à la Cour l'an 1655. laquelle estant monstrée & signifiée aux Religieux, & au Vicaire perpetuel, iceluy a consenty aux fins de ladite requeste; & eux ayans refusé, & contesté en cause, ledit sieur Prieur poursuit à present sa demande & son instance, par euocation du Parlement de Dijon, en celuy de Grenoble: *hæc olim meminisse inuabit.* Ie finis auec cette declaration, que tout cecy est escrit, singulierement à dessein de seruir à ceux qui succederont soit au Prieuré, ou au Vicariat perpetuel de l'Eglise de Chagny, *vt cognoscat generatio altera*; & pour honnorer à tousiours *sortem ministery huius.* Vn mien traicté *des vnions & concessions des Eglises Paroissiales aux Monasteres, &c.* qui est general, pourra donner bien tost quelques autres Memoires & entretiens, appartenans à tous les Vicaires perpetuels, & Curez primitifs.

Deus nobis hæc otia fecit.

TETRASTICHON LECTORI.

Quod fuit instaurat, Pastoris munera Clero

Reddit, & à Claustro vindicat, iste liber.

Fœlix Chaniaci, hoc Rectore, Parœcia; quidni?

Quondam si cecidit, nunc rediuiua viget.

CAROLVS LYNARD Presbyter, Capellaniæ S. Francisci in Ecclesia Chaniacensi Sacellanus.

lequel d'effect *vices alienas gerit, sed non vt commiſſarius, at iure proprio vt intitulatus. Bonifac. de vitalin. in rubr. Clement. de offic. & poteſt. iudic. deleg.* il à vrayement *titulum & ius in Eccleſia. gloſ. in c. conſtitutus. de fil. presbyt.* en ſorte que *is qui habet beneficium vnitum, non poterit illi deſeruire per ſe, inuito Vicario perpetuo. Rebuf. prax. benef. tit. de vic. perp. n. 1.* & ces deux tiltres Curé primitif, & Vicaire perpetuel, d'vne Egliſe, ſont incompatibles en vne meſme perſonne. *id. Reb. tit. de diſpenſ. rat. ætat. verb. incompatibilia. n. 9.*

Reſte à dire que les Actes de la viſite du Prieuré de Chagny faicte par le Vicaire general de l'Abbé de ſainct Ruf l'an 1634. & les Reglemens reiterés de Monſeigneur de Chalon de 1632. & 1636. auec l'Arreſt du Parlement de Dijon, qui oblige à les ſuiure, du 30. Iuillet 1647. auoient de nouueau diſtingué & particulariſé les diuers ſeruices & rangs des Religieux & du Vicaire perpetuel de l'Egliſe de Chagny: ſelon le Droict cōmun obſerué en pareilles Egliſes, il y auoit office regulier, & office paroiſſial. Neantmoins le 21. Septēbre audit an 1647. ils firent d'eux meſmes vne tranſaction pardeuant maiſtre Iean de Maiziere Notaire Royal à Chagny, laquelle a ſupprimé l'vne des deux grandes Meſſes, & reduit le ſeruice des Religieux, & celuy du Vicaire perpetuel à vn commun Office, qui eſt enſemblement Conuentuel & Paroiſſial, où tous aſſiſtent, & ſe celebre alternatiuement de ſepmaine en ſepmaine par leſdits Religieux, & Vicaire perpetuel, qui en eſt moins trauaillé, eux officians trois ſepmaines, & luy vne; ſans toutesfois qu'ils attouchent à ſes fonctions, ny à ſes droicts

Ainsi après le Religieux *Lucas* pourueu en 1630. & decedé en 1631. cette mesme Cure a esté regie sans interruption par les Curez seculiers, iusques à l'année presente 1657. Ce sont vingt-six ans, qui commencent vne nouuelle prescription de leur legitime possession de ladite Cure, qui durera, *Deo fauente*, à tousiours.

Cette longue enumeration des prouisions, obtenuës par les Prestres seculiers, de la Cure ou Vicairie perpetuelle de Chagny, *cum annexis*, selon toutes les voyes & dispositions du Droict; à sçauoir & en cour de Rome sur resignation en faueur; & en suite de la nomination des Prieurs, la Cure vacante entre leurs mains par resignation, & par mort; & par deffaut de nomination; & pour cause de permutation; & auec creation de pension; est icy rapportée selon l'ordre des temps & dates, que lesdites prouisions venans de l'Euesque, où leurs lettres de *visa*, quand elles sont venuës de Rome, ont esté données & enregistrées dans les registres de l'Euesché de Chalon.

S'ensuiuent quelques resolutions des Canonistes. Le Vicaire perpetuel est le Prelat secondaire de l'Eglise: *per mortem Vicarij perpetui in Ecclesia Parochiali, dicitur vacare Ecclesia, & potest impetrari vt vacans; quia licet non careat principali prælato,* (qui est le Prieur Curé *habitu*) *vacat tamen ex eo quòd secundario prælato,* (le Vicaire perpetuel Curé *actu*) *viduata est.* Bellam. decis. 101. n. 5. Staphyl. de lit. grat. rubr. de qual. & stat. benef. §. *circa secundam qualitatem.* n. 10. aussi *Vicarius perpetuus sic debet honorari in loco & aliis, sicut is cuius vices gerit, &c.* Gonzal. comment. in reg. 8. Cancell. gloss. 5. §. 3. n. 29.

commun, *contra ius positiuum*, *præualet consuetudo rationabilis & præscripta.c. cùm tanto cum glos. de consuet.* bien mieux la raisonnable & prescrite coustume de pouruoir l'Eglise de Chagny de Pasteurs seculiers, preuaut & deroge à ce qu'auoit ordóné Durandus.

Suite des Vicaires perpetuels seculiers, auec vn mot de la moderne Transaction.

CHAPITRE VIII.

LAdite Cure ou Vicairie perpetuelle estant vacante par le decez du susdit Lucas, on est retourné aussi-tost aux seculiers : Ledit sieur de Rouuray Prieur presenta maistre Louys Morote, qui en fut pourueu, en 1631. 2. May.

Sur la resignation dudit Morote en cour de Rome, maistre Zacharie Naueau l'obtint, en 1633. 15. Mars.

Ledit Naueau la permuta auec maistre Iean Berardier, qui en eut les prouisions, en 1637. 13. Mars.

Ledit Berardier la remettant au susdit sieur de Rouuray Prieur & Curé primitif, elle fut conferée à maistre Iacques Gaulthier nommé par luy, audit an 1637. 21. Nouembre.

Dudit Gaulthier elle est passée, par resignation entre les mains de sa Saincteté, à maistre Philibert Druhot, en 1642. 22. Auril.

Et d'iceluy Druhot elle est venuë, par la semblable voye, à maistre Antoine Thibauld present Curé Vicaire perpetuel, en la mesme année 1642. 27. Aoust.

E

www.ingramcontent.com/pod-product-compliance
Lightning Source LLC
Chambersburg PA
CBHW070700050426
42451CB00008B/442